Stephanie Achatz

Zwischen den Wolken

Eine Liebesgeschichte in Versen

Bibliografische Information der Deutschen
Nationalbibliothek:
Die Deutsche Nationalbibliothek verzeichnet diese
Publikation in der Deutschen Nationalbibliografie; detaillierte
bibliografische Daten sind im Internet über
http://dnb.dnb.de abrufbar.

© 2015 Stephanie Achatz

Herstellung und Verlag:
BoD – Books on Demand, Norderstedt

ISBN: 9 783734 788796

einladung.

ich lade dich ein auf ein lächeln
das uns einen schönen moment schenkt
einen augenblick für verbindung sorgt
pünktlich
zum aufbruch in den neuen tag
zahle ich in zarten blüten
die in weißen trauben von bäumen hängen
pflücke ein meer in meinen bettbezug
der sich federleicht über unsere körper legt
und alles verzaubert
was eben noch alltäglich schien

komm
unter meinen himmel
wir fahren auf schienen
ins schimmernde blau
betrinken uns
am klang unserer stimmen
und gleiten
schwerelos durch den raum

am morgen.

ins land gehen die tage
keiner
der sie zählt
und eines morgens dieser leise flötenton
der durch das geschlossene fenster dringt
und ankündigt:
ich möchte *frühlinkserwachen*
neben dir

gedanken.

atemaussetzer
während
das herz springt
endorphine im innern wie konfetti tanzen
mich nicht ruhen lassen
weil die macht der gedanken
mit mir macht, was sie will

augenblick.

eingetaucht in das blau deiner augen
liege ich an deiner seite
spüre die wärme deiner haut
ein glitzerndes funkeln
umhüllt uns in diesem moment
hält uns geborgen
ich will den zeiger greifen
und halten
genießen
diesen augenblick
für immer

fliegen.

unsere halbwertzeit ist kurz
noch während wir uns im gleichklang üben
flugversuche übers feld unternehmen
ganz ohne koordinatensystem
beginnt in den zwischenräumen schleichend
der zersetzungsprozess
atom für atom
verwandelt sich
innerhalb kleinster zeiteinheiten
nicht wahrnehmbar durch rosarote brillen
haben wir doch keine detektoren zur hand
weil wir auch gar nichts wollen gerade
außer fliegen

cerca y distante.

¿que tan lejos estamos de estar cerca?
wieder und immer wieder
überwinden wir distanzen
nähern uns an
spielen ein medley unserer zukunftsmusik
die in unterhaltsamen tönen erklingt
warten auf das
was kommt
estamos llenos de vida
alegria
magia
en nuestro mar de llamas interior

wir.

als die ewigkeit bei uns war
hielten wir fest unsere hände
träumten gemeinsam den tag
nichts
aber nichts
drang von außen an uns heran
während wir
selig
dem klang jenes augenblickes
lauschten

auf und davon.

wir fahren ins blaue
unter blühenden bäumen
halten wir uns fest umschlungen
atmen den duft
der vielen königsworte
die rosarot auf uns herunterregnen
berauschen und laben uns daran
bevor wir verkatert erwachen
und uns
mit getönten brillen bekleidet
still und leise
davonschleichen

moment.

was denkst du?
frage ich leise
während dein blick zu boden gleitet
ich dich aus dem moment heraus verliere
der eben noch
ganz uns gehörte

mandarin.

wir sprechen dieselbe sprache
und verstehen doch unsere wörter nicht
es ist so - sage ich
und du schaust mich an
mit großem unverständnis in deinen augen
nicht ahnend
was ich dir sagen will
hilflosigkeit
ein wollen
das wir nicht zu befriedigen wissen
was ist jetzt nur angebracht
welches ist der nächste schritt
um einander näher zu kommen
und echtes verständnis füreinander
zu entwickeln

verständigung.

die kulturtechniken beherrschend
lese ich von deinen lippen
und versuche zu verstehen
der dekodierungsprozess fällt mir schwer
die grobe auflösung in deinem gesicht
sowie die verzögerte bewegung
tragen dazu bei
dass ich nicht verstehen kann
was du mir sagst
selbst wenn ich wollte

so ziehen die monate ins land
so pustet der wind alle signale ins nichts
die uns behutsam in die entfernung
zueinander tragen

wir klammern uns fest
an einem gebirge voller illusionen
das in unseren köpfen gewachsen ist
und fernab jedweder realität
zuhause ist

unter beobachtung.

unter beobachtung
agiere ich vor mich hin
treffe entscheidungen
die vor dem spiegel sicher sind
achterbahn aus treppenstufen
die ausbremsen
ich mache mich auf den weg
kehre illusionen aufs blech
und noch während der auffahrt
auf die schnellstraße
fühle ich ins dazwischen
ahne
wohin die strecke führen wird
der tritt aufs gaspedal gelingt
auch bei temperaturen unter null

(ent)schluss.

der blick in deine augen
sagt mir ganz deutlich
dass du vorhast zu gehen
während du liebe beteuerst
und dein „best of" darbietest
packst du in gedanken kisten
richtest dich ein
in deiner neuen welt
in der nur noch du zählst
auf große seefahrten wartend
mit gesetzten segeln
über die tosende see
auf deren inseln
große angebotsschilder unmögliches
versprechen
gute reise
sind meine letzten worte
und du erschrickst
nicht mutig genug
endlich zu gehen

ohnmacht.

mein herz atmet schwer
nicht greifbare distanz
hat sich hinterrücks eingeschlichen
plötzlich ist sie spürbar da
lässt uns zweifeln
an unserm kontrukt
da fest gebaut erschien
auf breitem fundament

zusammengesunken
wie ein gummiboot ohne luft
alle kraft ist verflogen
mit der wir uns wehrten
wir halten ohnmächtig inne
und fragen uns
ob der moment
in dem alles
was uns einst verband
wohl wiederkehren wird

kokon.

tagelang kein wort
über rund geschwungene lippen
einzig rauschen
durchbricht
die anhaltende stille
weißgesponnener träume

verblühtes glück.

in sonnengetränktem licht
stehen die verwelkten stiele
deiner blüten
auf dem fensterbrett
zeugen von vergangenen tagen
die ich nicht loslassen will
weil sie zu schön waren
und auch jetzt noch
im einziehenden sommer
eine spur unseres frühlings hinterlassen

abschied.

auf wiedersehen
sage ich leise
und verlasse das zimmer
deine schuhe stehen geordnet
in einer reihe an der tür
winken zum abschied
bereits jetzt
ist meine sehnsucht nach deiner nähe
so unendlich groß
das verlangen nach deiner berührung
grenzenlos
minutenlang verharre ich
ohne sauerstoff
zögere
bevor die tür endgültig ins schloss fällt
ich die treppen schweren schrittes
nach unten gehe
auf wiedersehen
sage ich leise
und eine kleine träne
bahnt sich ihren weg
entlang des geländers

gestern noch
teilten wir uns den himmel
und den blick in die sterne
gestern noch
bekamen wir nicht genug
vom atem des andern
tauchten ein in unsere gemeinsame welt
doch mit einem mal
kam plötzlicher wind auf
umhüllte uns
uns ließ erfrieren
was still und leise keimte

leer

ist das haus
der wind hat die letzten reste
hinausgekehrt
an der stelle
an der du vorhin noch standest
ist ein nichts
aus bunten gedanken
die mich durch die nacht bringen
und halten
die sehnsucht nach dir verdrängen
nicht ahnend
wann wir uns wiedersehen werden

vergänglich.

deine drei einst bedeutungsvollen wörter
hängen an meinen eingeweiden
wie ballastsäcke am großen ballon
mein schritt durch die straßen gelingt
nur mit mühe
während du durch die nacht schwebst
weiter auf der suche bist
nach dir und der welt
deine melodien noch im ohr
lausche ich dem gesang des windes
der fortträgt
was vergänglich ist

vergangene zeiten.

weißt du noch?
als wir lachend durch die straßen zogen?
als wir bein an bein auf den mauern
jener stadt saßen?
als wir die menschen munter beobachteten?
als wir uns untermalten statt unterhielten?
als wir nur so mit ideen um uns warfen?
als wir in farbe schwelgten,
mal laut und mal leise?
als wir brennend
auf die nachricht des anderen warteten?
als wir allzu gern
immer noch eins draufsetzten?
als wir einfach nur wir waren?

weißt du das noch?

imagination.

ich wollte die ganze welt sein für dich
in jenem augenblick
ich wollte das gleichmäßige rieseln des sandes
aufhalten
für diesen einen moment
wollte schimmernde türme bauen
die elfenbeingleich in unsere himmel ragten
mit dir baden im glück

doch dann öffnete ich meine augen
und im verschwommenen licht des abends
sah ich dich hand in hand mit einer anderen
die leichte anhöhe des hügels hinaufgehen

mein herz.

mein herz klafft auseinander
halten will ich
den inhalt
der traum ist aus
zerfließt ganz still und leise
zwischen meinen fingern

abstand.

mit abstand
zerfließt die erinnerung
zu flüssigem gold
langstielige gläser
halten letzte neigen gefangen
prickelnde perlen
steigen keine mehr auf
wir schauen verlegen auf das
was noch bleibt
mit einem mal
ist auch der letzte rest im glas
verschwunden
und liegt im kühlen dunst der luft
zurück
bleibt ein hauch

kein happy end.

ich liege wach
von draußen scheint der mond
schneeweiß auf meine laken
der abspann unseres films
läuft ohne ton
als höhepunkt des kurzfilmfestivals
der letzten stummen jahre
schauspieler
die nun weiterziehen
auf der suche nach dem ultimativen
durchbruch

erinnerung.

das radio spielt die ersten töne
vom lied unseres sommers
in deinen armen liegend
im gras
träumten wir uns in die wolken
bauten imperien aus luft
wir schwebten regelrecht
ließen alles schwere hinter uns
nichts war unmöglich
alles so leicht
wie zuckerwatte kurz nach dem drehen
bevor sie zusammenfällt
zu einer klebrigen masse
den alltag vergessend
nur einen moment
sehe ich erinnerung
alte bilder
die reingewaschen und geordnet
auf der leine hängen
und auf abruf warten

verloren.

ich habe mich in der welt verloren
der süße duft von weite
hat mich längst
verführt und gefangen genommen
in meinem kopf fliege ich
auf wolkenschuhen
hoch in die lüfte
ich will nicht landen
will nicht in quadraten denken
mathematik lag mir noch nie
die fluchtlinie des eingeschlagenen kurses
liegt in traumrichtung
es ist
nun endlich an der zeit
neue himmel zu entdecken
und visionen
zur geburt zu bringen

alles möglich.

an einem sonntag im mai
breitete der phönix seine flügel aus
und flog mit sicheren schwung
über sonnengetränkten asphalt
im ertönenden klang steckten glück und
vertrautheit
frisch vermählt mit einer neugier
die in diesem augenblick
alles
möglich werden ließ

über den rand.

ich baue mir meine welt
aus den schönsten wörtern
der sprachen dieser welt
ich füge zusammen
was sich bisher nicht einte
die neue architektur fällt aus dem rahmen
sorgt für schwindel
mit ihren unbekannten höhen
in denen die luft fast zu dünn
zum atmen ist